Ernst Probst

Die Helmsdorfer Gruppe

Eine Kultur der Bronzezeit von etwa 1300/1200 bis 600 v. Chr.

Ernst Probst

Die Helmsdorfer Gruppe

Eine Kultur der Bronzezeit von etwa 1300/1200 bis 600 v. Chr.

GRIN Verlag

Bibliografische Information der Deutschen Nationalbibliothek: Die Deutsche Bibliothek verzeichnet diese Publikation in der Deutschen Nationalbibliografie; detaillierte bibliografische Daten sind im Internet über http://dnb.d-nb.de/ abrufbar.

1. Auflage 2011
Copyright © 2011 GRIN Verlag GmbH
http://www.grin.com
Druck und Bindung: Books on Demand GmbH, Norderstedt Germany
ISBN 978-3-656-07118-1

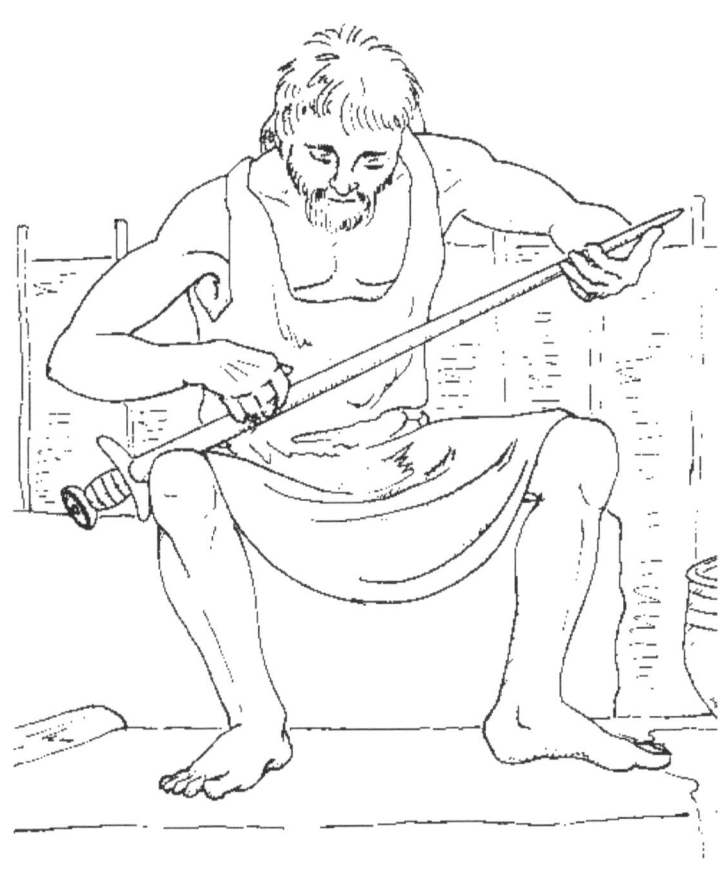

Metallhandwerker aus der Bronzezeit
beim Schleifen eines Schwertes.
Ausschnitt aus einer Zeichnung
von Friederike Hilscher-Ehlert, Königswinter,
für das Buch »Deutschland in der Bronzezeit« (1996)
von Ernst Probst

Ernst Probst

Die Helmsdorfer Gruppe

Eine Kultur der Bronzezeit
von etwa 1300/1200 bis 600 v. Chr.

Widmung

Dr. Rolf Breddin, Potsdam
Dr. Claus Dobiat, Marburg
Professor Dr. Markus Egg, Mainz
Professor Dr. Hans-Eckart Joachim, Bonn
Professor Dr. Albrecht Jockenhövel, Münster
Professor Dr. Horst Keiling, Schwerin
Professor Dr. Rüdiger Krause, Frankfurt/Main
Dr. Friedrich Laux, Hamburg
Professor Dr. Berthold Schmidt, Halle/Saale
Dr. Peter Schröter, München
Dr. Klaus Simon, Dresden
Dr. Otto Mathias Wilbertz, Hannover
gewidmet, die mich bei meinem Buch
»Deutschland in der Bronzezeit« (1996)
mit Rat und Tat unterstützt haben,
sowie der wissenschaftlichen Graphikerin
Friederike Hilscher-Ehlert

So genannte »reiche Frau« der Urnenfelder-Kultur
auf einer von dem Münchener Historienmaler
und Altertumsforscher Julius Naue (1832–1907)
geschaffenen historischen Trachtenrekonstruktion

Inhalt

Der dänische Archäologe
Christian Jürgensen Thomsen (1788–1865)
hat 1836 die Urgeschichte
nach dem jeweils am meisten verwendetem Rohstoff
in drei Perioden eingeteilt:
Steinzeit, Bronzezeit und Eisenzeit.

Vorwort

Eine Kulturstufe, die in der Bronzezeit von etwa 1300/1200 bis 600 v. Chr. im östlichen und nördlichen Harzvorland von Sachsen-Anhalt existierte, steht im Mittelpunkt des Taschenbuches »Die Helmsdorfer Gruppe«. Geschildert werden die Siedlungen, Kleidung, der Schmuck, die Keramik, Werkzeuge, Waffen, Haustiere, Jagdtiere und die Religion der damaligen Ackerbauern, Viehzüchter und Bronzegießer.

Verfasser dieses Taschenbuches ist der Wiesbadener Wissenschaftsautor Ernst Probst. Er hat sich vor allem durch seine Werke »Deutschland in der Urzeit« (1986), »Deutschland in der Steinzeit« (1991) und »Deutschland in der Bronzezeit« (1996) einen Namen gemacht. Das Taschenbuch »Die Helmsdorfer Gruppe« ist Dr. Rolf Breddin, Professor Dr. Claus Dobiat, Professor Dr. Markus Egg, Professor Dr. Hans-Eckart Joachim, Professor Dr. Albrecht Jockenhövel, Professor Dr. Horst Keiling, Professor Dr. Rüdiger Krause, Dr. Friedrich Laux, Professor Dr. Berthold Schmidt, Dr. Klaus Simon und Dr. Otto Mathias Wilbertz gewidmet, die den Autor mit Rat und Tat bei den Recherchen über Kulturen der Spätbronzezeit für sein Buch »Deutschland in der Bronzezeit« unterstützt haben. Es enthält Lebensbilder der wissenschaftlichen Graphikerin Friederike Hilscher-Ehlert aus Königswinter.

PAUL REINECKE,
geboren am 25. September 1872
in Berlin-Charlottenburg,
gestorben am 12. Mai 1958 in Herrsching.
Er wirkte 1897 bis 1908
am Römisch-Germanischen Zentralmuseum
in Mainz. 1908 bis 1937
war er Hauptkonservator
am Bayerischen Landesamt
für Denkmalpflege in München.
1917 wurde er kgl. Professor.
Reinecke teilte 1902 die Bronzezeit
in die Stufen A bis D ein.
1902 sprach er von der Straubinger Kultur
sowie von der Grabhügelbronzezeit
und später von der Hügelgräber-Bronzezeit.

Die Spätbronzezeit in Deutschland

Abfolge und Verbreitung der Kulturen und Gruppen

Heute ordnet man der Spätbronzezeit außer den Stufen Hallstatt A und B (etwa 1200 bis 800 v. Chr.) auch die Bronzezeit D (etwa von 1300 bis 1200 v. Chr.) zu, die vorher als letzte Stufe der Mittelbronzezeit galt. Die Stufenbezeichnung und Inhalte der Bronzezeit D, Hallstatt A und B entsprechen weitgehend der 1902 vorgenommenen Gliederung des damals in Mainz arbeitenden Prähistorikers Paul Reinecke (1872–1958).

Als die wichtigsten damaligen Kulturen in Deutschland gelten die Urnenfelder-Kultur, die Lausitzer Kultur und die nordische Bronzezeit, die sämtlich besonders große Gebiete einnahmen. Daneben gab es etliche kleinere Kulturen und Gruppen.

Baden-Württemberg, Bayern, das Saarland, Rheinland-Pfalz, Hessen, Teile Nordrhein-Westfalens (Niederrheinische Bucht) und Südthüringens gehörten von etwa 1300/1200 bis 800 v. Chr. zum Bereich der Urnenfelder-Kultur.[1] Diese war im Raum nördlich der Alpen verbreitet.

Im Niederrheinischen Tiefland Nordrhein-Westfalens existierte von etwa 1200 bis 750 v. Chr. die Niederrheinische Grabhügel-Kultur, eine Untergruppe der Urnenfelder-Kultur.

13

*Verbreitung der Kulturen und Gruppen während
der Spätbronzezeit (etwa 1300/1200 bis 800 v. Chr.)
in Süddeutschland und der mittleren Bronzezeit
(etwa 1200 bis 1100 v. Chr.) in Norddeutschland*

14

*Zauberer der jüngeren nordischen Bronzezeit
(etwa 1100 bis 800 v. Chr.) in Norddeutschland.
Zeichnung von Friederike Hilscher-Ehlert für das Buch
»Deutschland in der Bronzezeit« (1996) von Ernst Probst*

Für Norddeutschland gilt die bronzezeitliche Chronologie des schwedischen Prähistorikers Oscar Montelius (1843–1921). Ihr zufolge wird in Niedersachsen, Schleswig-Holstein, Mecklenburg-Vorpommern und im nördlichen Brandenburg die Zeit von etwa 1200 bis 1100 v. Chr. als mittlere Bronzezeit (Periode III) und die Zeit von etwa 1100 bis 800 v. Chr. als jüngere Bronzezeit (Perioden IV und V) bezeichnet. Die durch das Kulturgefälle in der Frühbronzezeit zwischen dem Süden und dem Norden bewirkte Phasenverschiebung von Bronzezeitstufen setzt sich also terminologisch fort.

In die mittlere Bronzezeit fallen in Niedersachsen die Lüneburger Gruppe, die Allermündungs-Gruppe und die Stader Gruppe, letztere aber nur noch mit wenigen sicher datierbaren archäologischen Funden.

In der jüngeren Bronzezeit gab es in Niedersachsen ebenfalls eine Anzahl von Regionalgruppen, so die Lüneburger Gruppe, die Stader Gruppe und die Ems-Hunte-Gruppe.

In anderen Landstrichen Niedersachsens spricht man nur allgemein von der jüngeren Bronzezeit, obschon auch hier Ansätze für eine regionale Gliederung erkennbar sind.

In Schleswig-Holstein, Mecklenburg-Vorpommern, im Stader Bereich (Niedersachsen) und im nördlichen Brandenburg behauptete sich von etwa 1200 bis 1100 v. Chr. die nordische mittlere Bronzezeit und von etwa 1100 bis 800 v. Chr. die nordische jüngere Bronzezeit. Das Zentrum der nordischen Bronzezeit lag in Skandinavien.

16

Im Thüringer Becken existierte von etwa 1300/1200 bis 800 v. Chr. die Unstrut-Gruppe. Etwa zur gleichen Zeit gab es vor etwa 1300/1200 bis 600 v. Chr. in Sachsen-Anhalt die Helmsdorfer Gruppe (s. S. 19) und die Saalemündungs-Gruppe

Sachsen und das südliche Brandenburg zählten von etwa 1300/1200 bis 500 v. Chr. zur Lausitzer Kultur und zum Kreis ihrer Nachfolgekulturen, zum Beispiel Billendorfer Kultur und Hausurnen-Kultur. Die Lausitzer Kultur war damals in Osteuropa heimisch.

JÖRG LECHLER,
geboren am 28. August 1894 in Dessau,
gestorben am 22. Juli 1969 in Detroit.
Er studierte in Berlin und Halle/Saale.
1913 bis 1918 grub er
das Gräberfeld auf dem Sehringsberg
bei Helmsdorf aus.
1923 bis 1924 war er Assistent
am Tell-Halaf-Museum in Berlin
und von 1924 bis 1935 Archäologe
in der Prignitz.
Ab 1936 lebte er in Detroit (USA),
wo er bis 1965
am Art Institute der Wayne University arbeitete.
Lechler prägte 1925 den Begriff
Helmsdorfer Gruppe.

Das Gräberfeld vom Sehringsberg

Die Helmsdorfer Gruppe

Im östlichen und nördlichen Harzvorland von Sachsen-Anhalt behauptete sich von etwa 1300/1200 bis um 600 v. Chr. die Helmsdorfer Gruppe. Ihr südlicher Nachbar war die im Thüringer Becken konzentrierte Unstrut-Gruppe, ihr nördlicher Anrainer die beiderseits der unteren Saale heimische Saalemündungs-Gruppe.

Zwischen diesen drei Kulturen lassen sich wegen fließender Übergänge keine deutlichen Abgrenzungen vornehmen. Bei der Keramik hatte die Helmsdorfer Gruppe viele Gemeinsamkeiten mit der Saalemündungs-Gruppe. Dagegen spiegeln ihre Bronzeobjekte einen engen Kontakt mit der Unstrut-Gruppe wider.

Die Helmsdorfer Gruppe verdankt dem Gräberfeld auf dem Sehringsberg beim Ortsteil Helmsdorf von Heiligenthal[1] (Kreis Mansfeld-Südharz) in Sachsen-Anhalt ihren Namen. Der Begriff Helmsdorfer Gruppe geht auf den Prähistoriker Jörg Lechler (1894–1969) zurück, der 1913 bis 1918 auf dem Sehringsberg gegraben und 1925 vom Helmsdorfer Kulturkreis gesprochen hatte. Der Name Helmsdorfer Gruppe wurde 1967 von dem am Landesmuseum für Vorgeschichte, Halle/Saale, tätigen Prähistoriker Berthold Schmidt eingeführt.

BERTHOLD SCHMIDT,
geboren am 10. Oktober 1924 in Gera,
studierte in Jena und Halle/Saale
und hat 1955 promoviert.
1953 wurde er wissenschaftlicher Mitarbeiter,
später Kustos und stellvertretender Direktor
des Landesmuseums für Vorgeschichte, Halle/Saale.
1991/92 folgte eine Professur
an der Universität Marburg/Lahn.
Seine Spezialgebiete sind die Frühgeschichte
(3. bis 9. Jh.) und späte Bronzezeit.
Schmidt hat 1967 den Begriff
Helmsdorfer Gruppe erneut vorgeschlagen
und begründet.

Vor allem im östlichen Harzvorland sind auffällig viele Funde, Siedlungen und Gräberfelder entdeckt worden. Demzufolge dürfte die entsprechende Bevölkerungskonzentration auf den Abbau von Kupfererz im Mansfelder Land und dessen Weiterverarbeitung sowie auf die für den Ackerbau günstigen Böden zurückzuführen sein.

Der Prähistoriker Berthold Schmidt hat 1978 die Ansicht vertreten, man könne den Zeitabschnitt, in dem die Helmsdorfer Gruppe im Harzvorland existierte, fast als ein »goldenes Zeitalter« bezeichnen. Er schrieb damals: »Es handelt sich um eine Epoche, in der große Siedlungen, Befestigungen, ausgedehnte Gräberfelder mit anspruchsvollen Grabdenkmälern errichtet, aufwendige religiöse Zeremonien veranstaltet, wohl intensiv Kupfer abgebaut und Bronze zahlreich verwendet wurde, in der Viehhaltung und Ackerbau blühten und die Anzahl der hier wohnenden Menschen relativ hoch gewesen sein muß.«

Die Helmsdorfer Leute wohnten in unbefestigten und befestigten Siedlungen. In Polleben[2] (Kreis Mansfeld-Südharz) lagen die Dörfer jener Zeit in sanfter Hanglage. Eine unbefestigte Höhensiedlung mit einer Fläche von etwa zwei bis drei Hektar war auf einer Hochebene nördlich von Timmenrode[3] (Kreis Wernigerode) angelegt worden.

Durch Grabungen nachgewiesene befestigte Höhensiedlungen der Helmsdorfer Gruppe sind bisher vom Burgberg bei Bösenburg[4] (Kreis Mansfeld-Südharz), auf der Schalkenburg bei Quenstedt[5] (Kreis Mansfeld-Südharz) und auf dem Kleinen Gegenstein bei

Foto auf Seite 23:

Auf dem Burgberg bei Bösenburg (Kreis Mansfeld-Südharz)
in Sachsen-Anhalt
befand sich eine befestigte Siedlung der Helmsdorfer Gruppe.
Das Foto zeigt den Abhang am Burgberg
mit dem Dorf Bösendorf in Tallage.

Ballenstedt/Harz[6] (Kreis Quedlinburg) bekannt. Vermutlich war auch der Burgberg von Quedlinburg[7] als Bollwerk ausgebaut.

Der etwa 600 Meter lange und 250 Meter breite Burgberg (auch Kirchberg genannt) östlich von Bösenburg, einem Ortsteil von Rottelsdorf, ist von der angrenzenden Hochfläche durch eine Schlucht getrennt. Auf dem Bergsporn wurde ein Areal von etwa zwölf Hektar ringsum durch einem mächtigen Wall geschützt, der aus Löß und Baumstämmen bestand.

Von den ehemaligen Behausungen zeugen in den Sandsteinfelsen eingetiefte Vorratsgruben und Pfostenlöcher. Die Bewohner der Wallburg haben ihre Toten auf dem nahe gelegenen Goldberg bestattet. Diese Befestigung bei Bösenburg bestand etwa vier Jahrhunderte lang. Sie wurde in der frühen Eisenzeit um 600 v. Chr. bei einem Angriff in Brand gesetzt und zerstört.

Die Wände damaliger Wohnhäuser sind nicht nur mehrfach neu verputzt, sondern zuweilen auch bemalt worden. Der entsprechende Nachweis hierfür gelang in einer Siedlung zwischen Bösenburg und Rottelsdorf[8] (Kreis Mansfeld-Südharz). Dort fand man Lehmbrocken, die bis zu dreizehnmal mit weißer Farbe getüncht wurden. Auf einigen Stücken sind sogar Reste roter Bemalung zu beobachten. Dabei handelte es sich um eine Verzierung mit parallelen geraden Streifen, gebogenen Streifen und Punkten. Die weiße Farbe enthält vor allem Kaolin, die rote ein Gemisch aus Kaolin und Eisenoxyd.

Als Sicherungsmaßnahmen für die Befestigung auf der Schalkenburg bei Quenstedt dienten ein aus Holz und

24

Erde errichteter Wall sowie zwei davor ausgehobene Gräben. An die hölzerne Innenwand des Holz-Erde-Walles waren kasemattenartige Langhäuser angebaut. Auch diese Wallburg fiel um 600 v. Chr. einem Feuer zum Opfer.

Die Wallburg auf dem Kleinen Gegenstein bei Ballenstedt nahm eine Fläche von etwa 400 Meter Länge und 225 Meter Breite, also von etwa neun Hektar, ein. Im Gegensatz zu den Befestigungen bei Bösenburg und auf der Schalkenburg wurde jene »Burg« nicht zerstört. Unklar ist, ob auch die Höhensiedlung auf dem benachbarten Großen Gegenstein befestigt war. Dort konnten nur dicht beieinanderliegende, runde Vorratsgruben aufgedeckt werden.

Die Bewohner der Wallburg bei Bösenburg säten und ernteten Dinkel *(Triticum spelta)*, mehrzeilige Gerste *(Hordeum vulgare)*, Emmer *(Triticum dicoccon)*, Einkorn *(Triticum monococcum)* und Rispenhirse *(Panicum miliaceum)*. Diese Getreidearten wurden getrennt angebaut. Außerdem sind in jener Befestigung auch Ackerbohne *(Vicia faba)* und Flachs *(Linum usitatissimum)* durch Funde nachgewiesen.

Bei Bösenburg ist in einem großen bottichartigen Holzgefäß die größte gehortete Getreidemenge Mitteldeutschlands entdeckt worden. Sie bestand aus vier Zentnern Getreide und Unkrautsämereien. Insgesamt konnten 26 Pflanzenarten nachgewiesen werden. Der Getreidefund stammt aus der frühen Eisenzeit um 600 v. Chr.

In Burgsdorf (Kreis Mansfeld-Südharz) hat man auf einem Gräberfeld in flachen Opfergruben Schädel und

Foto auf Seite 27:

Die Ackerbauern und Viehzüchter
auf dem Burgberg bei Bösenburg, einem Ortsteil von Rottelsdorf
(Kreis Mansfeld-Südharz) in Sachsen-Anhalt
bauten auch Einkorn (Triticum monococcum) an.
Der Name Einkorn bezieht sich auf das einzelne Korn
auf der Ährenspindel.

untere Teile von Pferdebeinen bestattet. Es handelte sich vermutlich um kleinwüchsige weibliche Tiere mit einer Widerristhöhe von 1,27 Metern.

In einer Grube der erwähnten Siedlung zwischen Bösenburg und Rottelsdorf lagen außer Lehmbewurf und Wandverputz auch Reste von Webgewichten sowie Knochen vom Rind, Reh *(Capreolus capreolus)*, ein Zahn vom Rothirsch *(Cervus elaphus)* und das Bruchstück einer Malermuschel *(Unio pictorum)*.

Die Keramik der Helmsdorfer Gruppe besteht häufig aus dunkelbraunem, schokoladenbraunem und dunkelgrauem, seltener schwärzlichem Ton. Typisch sind abwechselnde senkrechte Furchen- und Riefengruppen als Verzierung auf dem Gefäßbauch. Es gab Töpfe, Schalen, Schüsseln, Henkelkrüge und Tassen mit Schrägriefen. Mit der Saalemündungs-Gruppe hatte die Helmsdorfer Gruppe tönerne Trichterschalen, Zylinderhalsterrinen und das im Gefäßinneren angebrachte vierspeichige Radkreuzmuster gemeinsam.

Von der erwähnten Befestigung auf der Schalkenburg bei Quenstedt liegt ein tönernes Sauggefäß in Stiergestalt vor. Dieses 12,5 Zentimeter hohe Objekt hat ein Fassungsvermögen von 575 Kubikzentimetern. Damit ist es mehr als doppelt so groß wie die üblichen für Kinder angefertigten Sauggefäße, deren Volumen meistens weniger als 270 Kubikzentimeter beträgt. Vielleicht wurde damit ein kranker oder alter Mensch ernährt. Unbekannt ist die Funktion eines Tonhorns aus Polleben (Kreis Mansfeld-Südharz).

Wie bei der Unstrut-Gruppe waren auch im Verbreitungsgebiet der Helmsdorfer Gruppe bronzene Hakenspiralen und gedrehte Halsringe üblich. Die Hakenspiralen werden als Objekte zum Zusammenhalten eines Gewandes gedeutet.

Zur Brandbestattung eines etwa sechs- bis achtjährigen Kindes bei Westerhausen (Kreis Quedlinburg) gehören neben mehreren Tongefäßen auch bronzene Schmuckstücke (zwei Anhänger, fünf kleine Bronzespiralen, Bronzedraht und ein zusammengewundenes Bronzeband mit 2,5 Zentimeter Durchmesser und 1,8 Zentimeter Breite). Davon ist ein 3,9 Zentimeter langer und 3,4 Zentimeter breiter Anhänger mit Ring und tierkopfähnlichen Aufsatz besonders erwähnenswert. Bei dem Aufsatz könnte es sich um den Kopfteil und die Vorderbeine eines Bockes handeln, aber auch um eine menschenähnliche Darstellung wie auf skandinavischen Felsbildern.

In Quedlinburg sind mehr als 100 grünliche bis dunkelblaue Glasperlen gefunden worden, die als Importware gelten. Eine Glasperle mit einem Durchmesser von 1,2 Zentimetern und einem zentralen Bohrloch lag auch in einem Steinpackungsgrab von Beesenstedt (Saalkreis). Glasperlen waren damals selten.

Auf den Gräberfeldern der Helmsdorfer Gruppe wurden Körper- und Brandbestattungen vorgenommen. Die Steinpackungsgräber sind meistens von Norden nach Süden ausgerichtet. Den Leichnam oder den in einem Tongefäß aufbewahrten Leichenbrand legte man zusammen mit den Beigaben (Keramik Schmuck, Waffen) auf ein rechteckiges Steinpflaster. Darüber wurde eine Steinpackung in Form eines »falschen Gewölbes« aufgetürmt. Mehrfach waren die Gräber mit

Foto auf Seite 31:

Bronzener Anhänger
mit Ring und Tier- oder Menschenkopf
aus einem Kindergrab bei Westerhausen (Kreis Quedlinburg)
in Sachsen-Anhalt.
Länge des Anhängers 3,9 Zentimeter,
Breite 3,4 Zentimeter.
Original im Museum Quedlinburg

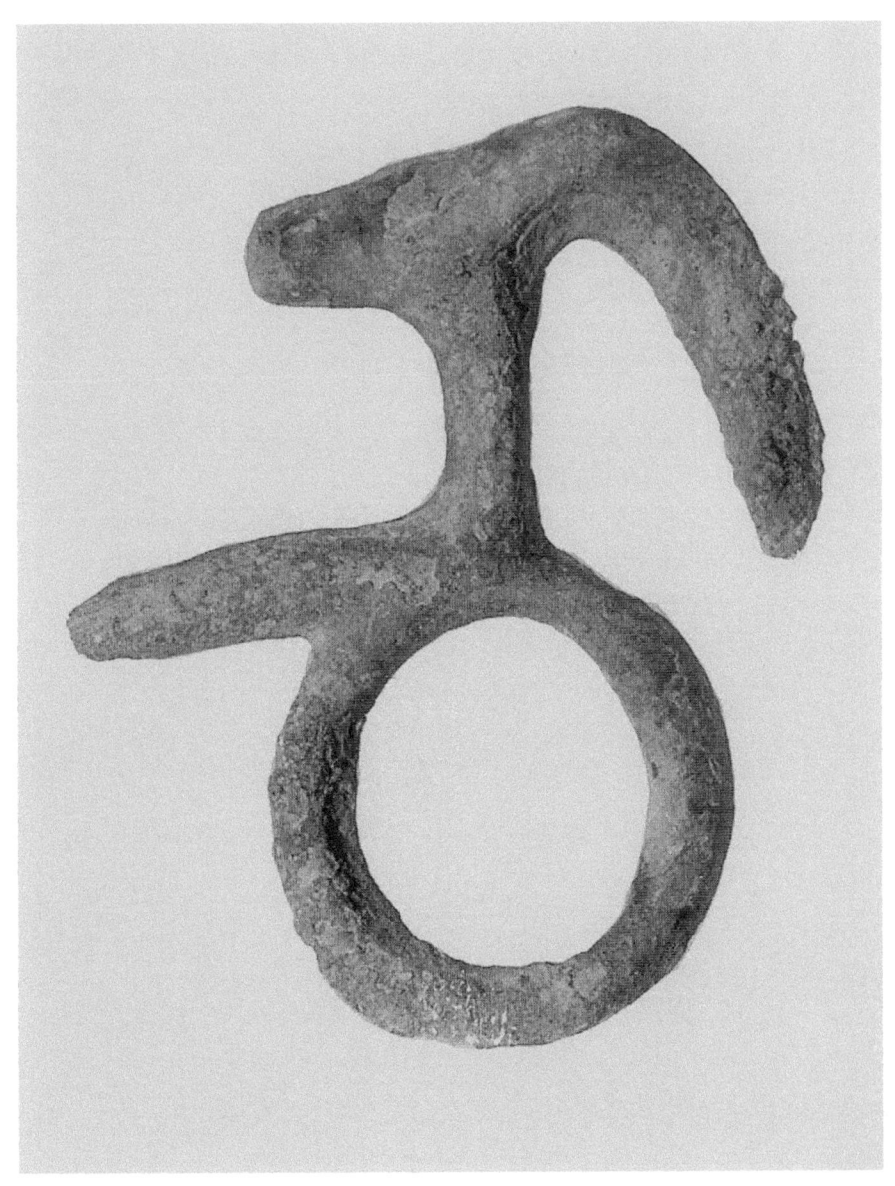

31

Zeichnung auf Seite 33:

*Brandbestattung während der Spätbronzezeit
in Nordrhein-Westfalen.
Zeichnung von Friederike Hilscher-Ehlert, Königswinter,
für das Buch »Deutschland in der Bronzezeit« (1996)
von Ernst Probst*

Foto auf Seite 35:

Steinkammergrab der jüngeren Bronzezeit
auf dem namengebenden Gräberfeld
der Helmsdorfer Gruppe (1300/1200 bis 600 v. Chr.)
auf dem Sehringsberg beim Ortsteil Helmsdorf
(Kreis Mansfeld-Südharz) in Sachsen-Anhalt

Foto auf Seite 37:

Steinpackungsgrab auf dem Sehringsberg
bei Heiligenthal-Helmsdorf (Kreis Mansfeld-Südharz)
in Sachsen-Anhalt
mit hochkant stehenden Seitensteinen
und sich nach innen verjüngenden Abdeckungssteinen
in Form eines »falschen Gewölbes«.

Bild auf Seite 39:

Die Helmsdorfer Gruppe (etwa 1300/1200 bis 600 v. Chr.)
ist nach dem Gräberfeld
auf dem Sehringsberg beim Ortsteil Helmsdorf
von Heiligenthal (Kreis Mansfeld-Südharz)
in Sachsen-Anhalt benannt.
Das Bild zeigt Schloss Helmsdorf auf einer Lithografie
aus dem 19. Jahrhundert.

einem Kreisgraben versehen. Im nördlichen Harzvorland gab es auch Hügelgräber.

In der älteren Phase (Periode IV) der Helmsdorfer Gruppe wurden die Verstorbenen überwiegend einzeln in Steingräbern bestattet. Solche Gräber bildeten Dreier- bis Fünfergruppen. Im Gegensatz dazu beerdigte man in der jüngeren Phase (Periode V) den Leichenbrand der Toten jeweils in einem Tongefäß (Doppelkonus, Terrine), in Steinkisten oder in kürzeren steinkisten-ähnlichen Behältnissen. Diese enthielten zuweilen bis zu fünf Brandbestattungen.

Das Gräberfeld auf dem erwähnten Goldberg bei Bösenburg gilt als der größte Friedhof der Helmsdorfer Gruppe. Dort hat man einen Teil des Gräberfeldes systematisch untersucht und bisher 120 rechteckige Steinpackungsgräber und zwei Kreisgräben freigelegt. Der Ausgräber Berthold Schmidt aus Halle/Saale nimmt an, dass der Bestattungsplatz mindestens noch einmal die gleiche Anzahl von Gräbern oder das Vielfache davon enthält. Sie stammen überwiegend aus der Periode IV. Die Toten wurden entweder unverbrannt oder verbrannt beigesetzt.

Auf dem Goldberg hat man meistens nur einen Menschen, selten zwei Personen, bestattet. Die Gräber waren als Dreier- bis Fünfergruppen angelegt. Mehrfach wurden die Grabstätten durch steinerne Stelen markiert, die einst sichtbar waren, aber nach dem Zusammenbrechen der Gräber beziehungsweise deren Holzeinbauten im Erdreich einsanken.

Das etwa einen Kilometer südlich von Heiligenthal-Helmsdorf auf der Kuppe des Sehringsberges gelegene

Gräberfeld umfasste 62 Steinpackungsgräber und fünf Kreisgräben. Auf dem Berg bietet sich ein weiter Rundblick über das Mansfelder Land. Auch hier wurden die Toten sowohl unverbrannt als auch verbrannt nur mit spärlichen Beigaben bestattet.

Die Steinpackungsgräber auf dem Sehringsberg bestehen aus 20 bis 50 Zentimeter großen Bruchsteinen und sind mit einem Bodenpflaster, hochkant stehenden Seitensteinen sowie sich nach innen verjüngenden Abdeckungssteinen versehen. Meistens befand sich nur ein Skelett, seltener zwei Skelette, oder der Leichenbrand eines Menschen in einem Grab. In drei der erwähnten Kreisgräben war jeweils ein zentrales Steinpackungsgrab (Zentralgrab) errichtet worden. In zwei anderen Kreisgräben gab es außer dem Zentralgrab noch je eine zeitgleiche Neben- oder eine später erfolgte Nachbestattung.

Am Westabhang des Sehringsberges erinnert heute ein kleines, vom Landesmuseum für Vorgeschichte, Halle/ Saale, und ehrenamtlichen Bodendenkmalpflegern eingerichtetes Freilichtmuseum mit einigen Steinpackungsgräbern an das 280 Meter lange und 180 Meter breite Gräberfeld.

Etwa 20 bis 25 Hügel dürfte einst – Berichten aus dem 19. Jahrhundert zufolge – das Hügelgräberfeld bei Westerhausen[9] im Kreis Quedlinburg gezählt haben. In den 1950-er Jahren existierten davon nur noch acht Hügel mit Durchmessern von zwölf bis 23 Metern und einer erhaltenen Höhe von 0,35 bis 1,70 Metern. Bei der Freilegung eines dieser Hügel hat der Prähistoriker Berthold Schmidt fünf Gräber vorgefunden.

Die Helmsdorfer Gruppe nahm vermutlich in der frühen Eisenzeit um 600 v. Chr. ein gewaltsames Ende. Ihre letzten Hinterlassenschaften finden sich im so genannten Katastrophenhorizont, der unter anderem anlässlich von Untersuchungen der erwähnten Wallburgen bei Bösenburg und auf der Schalkenburg bei Quenstedt festgestellt wurde.

Anmerkungen

Die Spätbronzezeit in Deutschland
1] Die Zusammenstellung dieser Übersicht über die
Verbreitung und Zeitdauer von Kulturen der Spätbronzezeit entstand mit Hilfe der Prähistoriker Friedrich Laux vom Hamburger Museum für Archäologie,
Hamburg-Harburg, Berthold Schmidt vom Landesmuseum für Vorgeschichte, Halle/Saale, und Rolf
Breddin vom Brandenburgischen Landesmuseum für
Ur- und Frühgeschichte, Potsdam.

Die Helmsdorfer Gruppe
1] Nachdem beim Pflügen auf dem Sehringsberg bei
Helmsdorf Verfärbungen und Steine von Gräbern zum
Vorschein kamen, grub 1908 der Inspektor auf dem
Krosigk'schen Gut in Helmsdorf, Wilhelm Rauch (1871–
1952), unter Anleitung des Eislebener Gymnasialpro-
fessors Hermann Größler (1840–1910) vier Steinpa-
ckungsräber aus. Rauch ließ einige Gräber vom Sehringsberg im von Krosigk'schen Gutspark in Helmsdorf
originalgetreu in unmittelbarer Nähe des Fundortes
wieder aufbauen, wo sie noch heute besichtigt werden
können. Der größte Teil des Gräberfeldes wurde 1913
bis 1918 durch den Prähistoriker Jörg Lechler (1894–
1969) aus Halle/Saale untersucht.
2] Die Siedlungen von Polleben wurden 1976 von dem
Kreisbodendenkmalpfleger Otto Marschall aus Eisleben
beschrieben.

3] In Timmenrode wurden in den 1930-er Jahren beim Kabellegen zahlreiche Siedlungsgruben angeschnitten sowie in den 1960-er und 1970-er Jahren beim Pflügen durch den Bodendenkmalpfleger Heinz Albert Behrens aus Timmenrode und einige Quedlinburger Bodendenkmalpfleger viele Funde geborgen.

4] Der Burgberg bei Bösenburg wurde ab 1960 durch den am Landesmuseum für Vorgeschichte, Halle/Saale, tätigen Prähistoriker Berthold Schmidt untersucht. 1961 konnte erstmals die ringwallartige Befestigung der jungbronzezeitlichen Höhensiedlung nachgewiesen werden.

5] Auf der Schalkenburg bei Quenstedt haben die Prähistoriker Hermann Behrens und Erhard Schröter (1935–1988) aus Halle/Saale zwischen 1962 und 1981 gegraben.

6] Auf dem Kleinen Gegenstein bei Ballenstedt/Harz wiesen die Prähistoriker Berthold Schmidt und Waldemar Nitzschke aus Halle/Saale 1975/76 eine Befestigung nach. Anlässlich dieser Ausgrabung wurde von Mitarbeitern des Landesmuseums für Vorgeschichte, Halle/Saale, und der Quedlinburger Pflegergruppe Schiffer auf dem Großen Gegenstein eine Höhensiedlung entdeckt.

7] Auf dem Burgberg von Quedlinburg nahmen das Landesmuseum für Vorgeschichte, Halle/Saale, sowie der Schuhmachermeister und Kreisbodendenkmalpfleger Hans Georg Schiffer (1919–1993) aus Quedlinburg von 1960 bis 1965 Ausgrabungen vor.

8] Die Siedlung zwischen Bösenburg und Rottelsdorf wurde 1955 von dem Archäozoologen Hanns Hermann

Müller vom Landesmuseum für Vorgeschichte, Halle/
Saale, untersucht.

9] Als einer der Grabhügel bei Westerhausen leicht
beschädigt war, nahm der Fundpfleger Lehrer Emil
Kolbert aus Timmenrode eine Notbergung vor. 1956/
57 erfolgte eine Untersuchung durch Berthold Schmidt
(s. Anm. 4) in Zusammenarbeit mit dem Lehrer und
Bodendenkmalpfleger Ingo Saynisch aus Quedlinburg.

Literatur

Die Spätbronzezeit in Deutschland
FILIP, Jan: Urnenfelderkultur. Aus: FILIP, Jan (Herausgeber): Enzyklopädisches Handbuch zur Ur- und Frühgeschichte Europas, Band 2, S. 1555, Stuttgart 1969
HORST, Fritz: Die Stämme der Lausitzer Kultur und des Nordens in der jüngeren Bronzezeit. Aus: HERRMANN, Joachim (Herausgeber): Archäologie in der Deutschen Demokratischen Republik, Denkmale und Funde, Band 1, S. 98–105, Stuttgart 1989
JOCKENHÖVEL, Albrecht: Die Bronzezeit. Aus: FRITZ, Rudolf-Herrmann / JOCKENHÖVEL, Albrecht (Herausgeber): Die Vorgeschichte Hessens, S. 195–243, Stuttgart 1990
KOLLING, Alfons: Späte Bronzezeit an Saar und Mosel, Saarbrücken 1968
METZLER, Alf / WILBERTZ, Otto Mathias: Bronzezeit. Aus: HÄSSLER, Hans-Jürgen (Herausgeber): Ur- und Frühgeschichte Niedersachsens, S. 155–192, Stuttgart 1991
PESCHEL, Karl: Die Gliederung der jüngeren Bronzezeit in Thüringen. Aus: COBLENZ, Werner / HORST, Fritz (Herausgeber): Mitteleuropäische Bronzezeit. Beiträge zur Archäologie und Geschichte, S. 87–120, Berlin 1978
SCHINDLER, Reinhard: Jüngere Bronzezeit (1200–700 v. Chr.). Aus: Führer durch das Rheinisches Landesmuseum Trier, S. 13–14, Trier 1968

SCHMIDT, Berthold: Die jungbronzezeitlichen Stämme im Elbe-Saale-Gebiet. Aus: COBLENZ, Werner / HORST, Fritz (Herausgeber): Mitteleuropäische Bronzezeit. Beiträge zur Archäologie und Geschichte, S. 122, Berlin 1978

STRUVE, Karl W.: Die jüngere Bronzezeit.Geschichte Schleswig-Holsteins. Aus: STRUVE, Karl W. / HINGST, Hans / JANKUHN, Herbert: Von der Bronzezeit zur Völkerwanderungszeit, Band 2, S. 97–144, Neumünster 1979

WAGNER, Karin: Studien über Kulturgruppierungen der Urnenfelderzeit im Saale-Unstrut-Gebiet. Jahresschrift für mitteldeutsche Vorgeschichte, Band 66, S. 31–49, Halle/Saale 1983

WEBER, Gesine: Die Urnenfelderzeit. Aus: Händler, Krieger, Bronzegießer. Bronzezeit in Nordhessen. Vor- und Frühgeschichte im Hessischen Landesmuseum in Kassel, Heft 3, S. 102–133, Kassel 1992

Die Helmsdorfer Gruppe

GRÖSSLER, Hermann: Steinkistengräber der älteren Bronzezeit auf dem Säringsberge bei Helmsdorf im Mansfelder Seekreis. Jahresschrift für die Vorgeschichte der sächsisch-thüringischen Länder, Band 8, S. 87–111, Halle/Saale 1909

LECHLER, Jörg: Das Gräberfeld auf dem Sehringsberge bei Helmsdorf. Mannus, Band 16 (1924), S. 385–451, Leipzig 1925

MÜLLER, Hanns-Hermann: Bemalter Wandverputz aus einer Siedlungsgrube der späten Bronzezeit von

Rottelsdorf, Kr. Eisleben. Ausgrabungen und Funde, Band 4, Heft 1, S. 15–18, Berlin 1959

SCHMIDT, Berthold: Ein jungbronzezeitliches Steinpackungsgrab mit Hakenspiralen von Beesenstedt, Saalkreis. Ausgrabungen und Funde, Band 9, Heft 1, S. 29– 32, Berlin 1964

SCHMIDT, Berthold: Eine Glasperle aus einem Steinpackungsgrab der jüngeren Bronzezeit von Beesenstedt, Saalkreis. Ausgrabungen und Funde, Band 12, Heft 1, S. 26, Berlin 1967

SCHMIDT, Berthold: Ein Hügelgräberfeld der jüngeren Bronzezeit bei Westerhausen, Kreis Quedlinburg. Jahresschrift für mitteldeutsche Vorgeschichte, Band 51, S. 165–191, Halle/Saale 1967

SCHMIDT, Berthold: Befestigung und frühgeschichtliche Siedlungen in Bösenburg, Kr. Eisleben. Vorbericht. Ausgrabungen und Funde, Band 16, Heft 1, S. 34–37, Berlin 1972

SCHMIDT, Berthold: Helmsdorfer Gruppe. Die jungbronzezeitlichen Stämme im Elbe-Saale-Gebiet. Aus: COBLENZ, Werner / HORST, Fritz (Herausgeber): Mitteleuropäische Bronzezeit. Beiträge zur Archäologie und Geschichte, S. 127–134, Berlin 1978

SCHMIDT, Berthold: Jungbronzezeitliche Burgen und Höhensiedlungen im nordöstlichen und östlichen Harzvorland. Aus: CHROPOVSKY, Bohuslav / HERRMANN, Joachim (Herausgeber): Beiträge zum bronzezeitlichen Burgenbau in Mitteleuropa, S. 345–354, Nitra 1982

SCHMIDT, Berthold / NITZSCHKE, Waldemar: Die Hakenspiralen und ihre Bedeutung für die jüngere

Bronzezeit Mitteldeutschlands. Ausgrabungen und Funde, Band 17, Heft 1, S. 27–28, Berlin 1972

SCHMIDT, Berthold / NITZSCHKE, Waldemar: Bestattungssitten der spätbronzezeitlichen Helmsdorfer- und Saalemündungsgruppe. Ausgrabungen und Funde, Band 19, Heft 1, S. 6–17, Berlin 1974

SCHMIDT, Berthold / NITZSCHKE, Waldemar: Ringwall und Gräberfeld der jüngeren Bronzezeit von Bösenburg-Rottelsdorf, Kr. Eisleben. Ausgrabungen und Funde, Band 21, Heft 1–4, S. 68–69, Berlin 1976

SCHMIDT, Berthold / NITZSCHKE, Waldemar: Jungbronzezeitliche Höhensiedlungen auf den Gegensteinen bei Ballenstedt/Harz. Ausgrabungen und Funde, Band 22, Heft 5, S. 209–211, Berlin 1977

SCHMIDT, Berthold / NITZSCHKE, Waldemar: Ein jungbronzezeitliches Gräberfeld der Helmsdorfer Gruppe bei Bösenburg, Kr. Eilsleben. Ausgrabungen und Funde, Band 24, Heft 4, S. 167–171, Berlin 1979

SCHMIDT, Berthold / SCHULTZE-MOTEL, Jürgen / KRUSE, Joachim: Früheisenzeitliche Vorratsgrube auf der Bösenburg, Kr. Eisleben. Ausgrabungen und Funde, Band 10, Heft 1, S. 29–31, Berlin 1965

SCHMIDT, Erika: Zur jungbronzezeitlichen Besiedlung des Köthener Landes. Ausgrabungen und Funde, Band 23, Heft 4, S. 173–179, Berlin 1978

Bildquellen

Zeichnungen von Friederike Hilscher-Ehlert für das Buch »Deutschland in der Bronzezeit« (1996) von Ernst Probst: 1, 15, 33

Die wissenschaftliche Graphikerin
Friederike Hilscher-Ehlert

Friederike Hilscher-Ehlert wurde am 13. Dezember 1946 in Hamburg geboren. Sie absolvierte eine Ausbildung sowie ein Studium in den Fächern Kostümbild und Bühnenbild. Danach war sie mehrere Jahre lang an der Bühne tätig. Auf dem zweiten Berufsweg wurde sie wissenschaftliche Graphikerin mit dem Schwerpunkt Archäologie und arbeitete am Rheinischen Landesmuseum Bonn. Ihre Fachgebiete waren Restaurierung, Archäo-Botanik, Wissenschafts-Publikationen, Amtshilfe bei externen Projekten und Ausstellungskonzeption. Mit Lebensbildern von Menschen aus vergangenen Zeiten machte sie sich bereits einen Namen, als solche Kunstwerke in ihrer Heimat noch Seltenheiten waren. Das erste Buch, in dem Zeichnungen von Friederike Hilscher-Ehlert abgebildet wurden, heißt »Report aus der Römerzeit« (1989). In den frühen 1990-er Jahren schuf sie zahlreiche Lebensbilder für das Buch »Deutschland in der Bronzezeit« (1996) des Wiesbadener Wissenschaftsautors Ernst Probst. Großformatige Lebensbilder aus ihrer Hand schmücken die Werke »Die Römer« (1999), »Die Steinzeitler« (2003), »Die Kelten" (2003) und »Die Franken« (2003) in der vom Rheinischen Landesmuseum Bonn herausgegebenen Reihe »Lebendige Vergangenheit«. Im Geleitwort schrieb Professor Dr. Hans-Eckart Joachim: »Die Zeichnerin Friederike Hilscher-Ehlert verbindet wissenschaftlich abgesicherte, akribische Prägnanz mit virtuosem unverkennbaren Personalstil, der der Phantasie und Entdeckerfreude Raum lässt. So entstehen Bilder, in denen uns Menschen und Menschengemachtes der Vergangenheit entgegentreten, längst verwischte Spuren sichtbar werden.« Zeichnungen von ihr erschienen außer in Büchern auch in wissenschaftlichen Zeitschriften und man sah sie in Ausstellungen von Museen oder auf zahlreichen farbprächtigen Ansichtskarten. Friederike Hilscher-Ehlert betont: »Archäologische Illustration ist heute in keinem Museum und in keiner fundierten Fachpublikation mehr entbehrlich. Es ist mir eine Freude Wegbereiterin dieser Art Graphik in Deutschland gewesen zu sein.«

Der Autor Ernst Probst

Ernst Probst, geboren am 20. Januar 1946 in Neunburg vorm Wald im bayerischen Regierungsbezirk Oberpfalz, ist Journalist und Wissenschaftsautor. Er arbeitete von 1968 bis 1971 als Redakteur bei den »Nürnberger Nachrichten«, von 1971 bis 1973 in der Zentralredaktion des »Ring Nordbayerischer Tageszeitungen« in Bayreuth und von 1973 bis 2001 bei der »Allgemeinen Zeitung«, Mainz. In seiner Freizeit schrieb er Artikel für die »Frankfurter Allgemeine Zeitung«, »Süddeutsche Zeitung«, »Die Welt«, »Frankfurter Rundschau«, »Neue Zürcher Zeitung«, »Tages-Anzeiger«, Zürich, »Salzburger Nachrichten«, »Die Zeit", »Rheinischer Merkur«, »Deutsches Allgemeines Sonntagsblatt«, »bild der wissenschaft«, »kosmos«, »Deutsche Presse-Agentur« (dpa), »Associated Press« (AP) und den

»Deutschen Forschungsdienst« (df). Aus seiner Feder stammen die Bücher »Deutschland in der Urzeit« (1986), »Deutschland in der Steinzeit« (1991), »Rekorde der Urzeit« (1992), »Dinosaurier in Deutschland« (1993 zusammen mit Raymund Windolf) und »Deutschland in der Bronzezeit« (1996). Von 2001 bis 2006 betätigte sich Ernst Probst als Buchverleger sowie zeitweise als internationaler Fossilienhändler und Antiquitätenhändler. Insgesamt veröffentlichte er mehr als 100 Bücher, Taschenbücher, Broschüren und E-Books.

Bücher von Ernst Probst

Affenmenschen
Von Bigfoot bis zum Yeti

Annie Oakley
Die Meisterschützin des Wilden Westens

Archaeopteryx. Der Urvogel aus Bayern

Christl-Marie Schultes. Die erste Fliegerin in Bayern
(zusammen mit Theo Lederer)

Cortés und Malinche. Der spanische Eroberer
und seine indianische Geliebte

Das Dinotherium-Museum Eppelsheim
Führer durch die Ausstellung
(zusammen mit Dr. Jens Lorenz Franzen
und Heiner Roos)

Der Europäische Jaguar

Der Mosbacher Löwe
Die riesige Raubkatze aus Wiesbaden

Der Rhein-Elefant
Das Schreckenstier von Eppelsheim

Der Schwarze Peter
Ein Räuber im Hunsrück und Odenwald

Der Ur-Rhein
Rheinhessen vor zehn Millionen Jahren

Deutschland im Eiszeitalter

Deutschland in der Frühbronzezeit

Deutschland in der Mittelbronzezeit

Deutschland in der Spätbronzezeit

Die Dolchzahnkatze *Megantereon*

Die Bronzezeit

Die Aunjetitzer Kultur in Deutschland

Die Straubinger Kultur in Deutschland

Die Adlerberg-Kultur

Die nordische Bronzezeit in Deutschland

Die Hügelgräber-Kultur in Deutschland

Die Bronzezeit in der Lüneburger Heide

Die Stader Gruppe in der Bronzezeit

Die Urnenfelder-Kultur in Deutschland

Die Lausitzer Kultur in Deutschland

Die Dolchzahnkatze *Smilodon*

Die Säbelzahnkatze *Machairodus*

Die Säbelzahnkatze *Homotherium*

Die Schweiz in der Frühbronzezeit

Die Schweiz in der Mittelbronzezeit

Die Schweiz in der Spätbronzezeit

Dinosaurier in Deutschland. Vom *Efraasia*
bis zu *Sellosaurus*

Dinosaurier von A bis K. Von *Abelisaurus*
bis zu *Kritosaurus*

Dinosaurier von L bis Z. Von *Labocania*
bis zu *Zupaysaurus*

Eiszeitliche Geparde in Deutschland

Eiszeitliche Leoparden in Deutschland

Frauen im Weltall

Höhlenlöwen. Raubkatzen im Eiszeitalter

Johann Jakob Kaup
Der große Naturforscher aus Darmstadt

Julchen Blasius. Die Räuberbraut des Schinderhannes

Königinnen der Lüfte in Deutschland

Königinnen der Lüfte in Europa

Königinnen der Lüfte in Amerika

Königinnen der Lüfte von A bis Z

Königinnen des Tanzes

Malende Superfrauen

Meine Worte sind wie die Sterne
Die Entstehung der Rede des Häuptlings Seattle
(zusammen mit Sonja Probst)

Monstern auf der Spur. Wie die Sagen über Drachen,
Riesen und Einhörner entstanden

Österreich in der Frühbronzezeit

Österreich in der Mittelbronzezeit

Österreich in der Spätbronzezeit

Pompadour und Dubarry. Die Mätressen
von Louis XV.

Raub-Dinosaurier von A bis Z.
Mit Zeichnungen von Dmitry Bogdanav
und Nobu Tamura

Rekorde der Urmenschen
Erfindungen, Kunst und Religion

Rekorde der Urzeit
Landschaften, Pflanzen und Tiere

Säbelzahnkatzen. Von *Machairodus*
bis zu *Smilodon*

Säbelzahntiger am Ur-Rhein. *Machairodus*
und *Paramachairodus*

Seeungeheuer
Von Nessie bis zum Zuiyo-maru-Monster

Superfrauen aus dem Wilden Westen

Superfrauen 1 – Geschichte

Superfrauen 2 – Religion

Superfrauen 3 – Politik

Superfrauen 4 – Wirtschaft und Verkehr

Bestellungen bei: http://www.grin.com